Noch kann und will
ich nicht begreifen,
dass ich am Ende
meines Lebens stehe
und alles schon
vorüber ist.

Wozu die Mühen
der vergangenen Jahre,
der Kampf bisweilen
und die Plage,
wenn mich das Leben
schon vergisst.

Du hast dein Leben lang
den Tod verdrängen wollen
und konntest dir nie eingestehen,
dass eines Tages er
auch dich ereilen wird.
Jetzt musst du dich den
letzten Lebensfragen stellen,
was du an Glück erlebt hast und an Leid
und ob du über allem,
was gewesen und geworden ist,
nun deinen Frieden
finden kannst.

Ohne dich
verliert sich
meine Sehnsucht
im Wind.

Der Trost
weiß nicht mehr,
wo er neue
Nahrung findet.
Mein Lebensmut
ist blass
und meine Lieder
sind leise
geworden.

Ohne dich
fragt das Heute
vergeblich
nach einem Morgen.

Gibt es denn kein Zurück?

Ich habe so viel Schuld auf mich geladen,
so viele Menschen oft verletzt.
Wie kann ich denen jetzt noch sagen,
wie sehr mich diese Worte, diese Taten
heute schmerzen.
Könnte ich doch manches
ungeschehen machen von dem,
was jetzt mein Herz bedrückt.
Mögt ihr mir doch im Stillen
meine Schuld vergeben,
damit ich endlich den ersehnten Frieden
und mein Herz Ruhe finden kann.

Wenn dir die Tränen kommen,
dann lass sie leise fließen
und weine deinen ganzen Kummer
und deinen Schmerz hinaus.
Du brauchst dich deiner Angst
wirklich nicht zu schämen,
doch hoff' ich, dass du später
in Ruhe schlafen kannst.

Jetzt heißt es
Abschied nehmen
und die Gedanken gehen
weit zurück.
Wir haben uns
das Leben gegenseitig
häufig schwer gemacht,
es fehlte uns
so oft das Glück.

Nun heißt es Abschied nehmen
und unserer beider Seelen
sind voll Schmerz.
Lass uns einander
jetzt noch einmal
unsere Hände reichen,
damit in aller Stille
auch in unseren Herzen
endlich Versöhnung
wachsen kann.

In Frieden
möchte ich jetzt gehen,
in Frieden.

Möge der Segen,
der mein Leben
stets begleitet hat,
auch meine letzte Stunde
säumen
und euch, die ihr
noch eine Weile
weiter leben dürft,
ein ständiger
Begleiter sein.

Du brauchst dich nicht
davor zu fürchten,
dass du alleine
sterben musst.

Ich bleibe ja bei dir
in dieser schweren Stunde.
Nimm meine Hand
und spüre darin meine Nähe,
meine Wärme,
wenn denn der Tod
dich zu sich ruft.

Wenn du jetzt gehst,
dann weiß ich nicht wohin
mit meinem Leben,
mit meiner Liebe
und den Träumen,
die ich stets mit dir geteilt.

Wenn du jetzt gehst,
dann hat mein Hoffen
auch ein Ende
und meine Sehnsucht
löst sich auf in
einsame Verlassenheit.

Mein Leben neigt sich nun
dem Ende zu,
und voller Dankbarkeit
blick' ich zurück
auf reiche Jahre
und vieles, was mich
einstmals tief beglückt.

Nun muss ich gehen,
doch kann ich diesen
letzten Schritt erst tun,
wenn ich euch allen,
die ihr mich durch's Leben hin
begleitet habt,
noch einmal danken kann.

Mögen dich alle Engel des Himmels
umhüllen mit ihrem Licht
und dir den ewigen Frieden bringen,
nach dem dein Herz
sich schon lange sehnt.
Mögen sie deine letzten guten Gedanken
in alle Ewigkeiten bewahren
und für immer weiterwirken lassen
in der Welt.

Die Zeit mit dir war schön.
Wie viele Jahre haben wir zwei
Hand in Hand durchschritten.

Nicht jeder Weg war leicht,
nicht jeder Tag nur sonnig;
so manche Nacht voll Schmerz
und Schuld und Einsamkeit
blieb uns auf unserer Reise
nicht erspart.

Und doch brach
– wie ein Wunder manchmal –
immer wieder
ein neuer Morgen
für uns an,
der uns der Zukunft
getrost
entgegengehen ließ.

Die Zeit mit dir
– sie war mein Leben.

So lange
quäle ich mich schon
von Tag zu Tag,
von Stunde zu Stunde.
Die Schmerzen lassen mich
nicht schlafen oder ruh'n,
und die Gedanken
irren in der Dunkelheit der Nacht
ganz wirr umher.
Warum muss gerade ich
so schrecklich leiden?
Das ist kein Leben mehr,
das ist die Hölle!
Warum ist Sterben nur
so schwer?

Wenn nun dein Leben
sich zum Ende neigt,
dann werden alle Himmel
sich vor dir verbeugen.

Du hast so viel gelitten
in den letzten Jahren,
jetzt wird ein Engel dich
in eine neue Welt begleiten,
die dich entschädigt
für des Lebens Last.

Wie lange
quälst du dich nun schon
mit deinem Leiden
von Tag zu Tag,
von Nacht zu Nacht.
Ich kann es selbst
kaum mehr ertragen,
wie du in jedem Augenblick
mit deinen Schmerzen
kämpfen und manchmal
sogar ringen musst.

Ich wünsche dir
von ganzem Herzen,
dass du jetzt bald
erlöst wirst von der Marter
und Frieden finden darfst
für alle Ewigkeit.

Wer
wacht mit mir
in der Nacht,
in der mich
die Angst
zu verschlingen
droht?

Wer
betet mit mir
in der Stunde
letzter Verlassenheit,
wenn der Tod
sich schon über mich
beugt?

Wer
sagt mir,
wenn der letzte
Abschied naht,
dass mein Dasein
nicht
vergeblich war?

Fürchte dich nicht,
ich bin doch hier,
fürchte dich nicht,
ich bleibe bei dir.

Fürchte dich nicht
vor der dunklen Nacht,
fürchte dich nicht,
ich halte ja Wacht.

Fürchte dich nicht
vor dem letzten Schritt,
fürchte dich nicht,
ich gehe doch mit.

Fürchte dich nicht
und sei nicht so bang,
fürchte dich nicht
vor dem Übergang.

Fürchte dich nicht,
es ist nicht alles zu Ende,
denn du fällst ja
in barmherzige Hände.

Warum
musst du uns denn jetzt schon verlassen?
Dein junges Leben hatte gerade erst
begonnen,
wir haben uns so sehr an dir erfreut.

Warum?
Die ganze Welt, die wollten wir dir
zeigen und dich entdecken lassen,
mit Liebe,
voller Spannung und mit Heiterkeit.

Warum?
Jetzt stehen wir an deinem kleinen Bett
und streicheln zärtlich lächelnd über
dein Gesicht,
während wir still nach innen weinen.

Warum?
Was hat dein Sterben denn für einen Sinn?
Du wurdest uns doch erst geschenkt -
wie kann es
Gott mit uns so grausam meinen?

Dankbar bin ich,
dass du da bist
und dass ich dir
sagen kann, was mich
im Augenblick noch
in meinem Herz bewegt.
Behutsam umgehen
muss ich mit
meinen Kräften
und mit der Zeit,
die mir noch bleibt.
Denn angesichts
des Todes Nähe
gewinnt jede Minute
einen unendlichen
Wert.

Von Atemzug zu Atemzug
will ich dich in der Todesnacht
ganz sacht begleiten.
Ich lege deine Hand in meine,
damit du spürst,
dass du den letzten Schritt
in deinem Leben
zwar alleine,
aber nicht verlassen
gehen musst.

Das Leben hast du
mir geschenkt
und dich um mich gesorgt
in meinen Kindheitstagen.
Für deine Liebe
und Geduld,
für dein verständnisvolles Herz
will ich dir danke sagen.

Ach, warum muss ich denn
für immer
von dir Abschied nehmen
und dich jetzt gehen lassen?
Die Trauer reißt mich
schier entzwei;
ich sehe in dein zärtliches Gesicht
und kann und will's nicht fassen.

Mein Leben habe ich
gelebt,
mit allen Freuden, allem Glück,
voll Trauer auch und all den Leiden,
die je ein Menschenherz
erfüllen oder auch
erdrücken können.

Mein Leben habe ich
gelebt,
jetzt bin ich müde und ich will
still meine Zeit beenden,
denn meinen Frieden
habe ich gefunden.
Jetzt kann ich gehen.

Schenke mir noch
ein Wort,
gib mir ein Zeichen
deiner Liebe,
damit ich selbst
aus dieser
letzten Stunde
noch eine Spur
von Trost
ins eigene Leben
herüberretten kann.

Du weißt, wenn deine
letzte Stunde kommt,
dann reißt es auch
mein eigenes Herz entzwei.

Ich habe dich
so sehr geliebt
in all den Jahren,
die dir und mir
auf unserem Lebensweg
beschieden waren.

An deiner Seite
war ich glücklich,
in deiner Seele
stets daheim.

Bleib du bei mir,
wenn diese Nacht
kein Ende nehmen will
und teile meine Angst
und meinen Schmerz
vor dieser schweren Stunde.

Bleib du bei mir,
wenn ich die letzte
Schwelle überschreite
und ich all jene Menschen,
die ich so sehr liebe,
endgültig nun verlassen muss.

Ich will bei dir wachen,
wenn dich die Angst überfällt
und dir die Trauer,
von allem Abschied nehmen zu müssen,
was dir einst lieb und teuer gewesen ist,
dein Herz zu erdrücken droht.

Ich will bei dir wachen,
bis denn der Todesengel an dein Bett getreten ist,
um dich in eine glanzvolle Welt
hinüber zu tragen, die dich erwartet
voller Liebe und Licht.

Wo soll ich hin mit meinen Fragen,
wohin mit meinen Ängsten?
Bin ich bei dir, so fehlt mir doch
die Kraft, um dich zu trösten,
weil ich dich im Grunde ja
nicht gehen lassen kann und will.
Mit jeder Faser meines Herzens
habe ich einst gehofft,
ich könnt' die Uhr für uns
noch einmal rückwärts stellen,
zurück in all die schönen Jahre,
in denen wir uns nah gewesen sind.

Wo soll ich hin mit meinen Fragen,
wohin mit meinen Ängsten?
Ich will versuchen, sie zu sammeln,
um sie in Dank zu wandeln dafür,
dass es dich überhaupt für mich
gegeben hat.

Jetzt müssen wir
Abschied nehmen
und mit wundem Herzen
in den Tod einwilligen,
der ja auch ein Teil
vom Leben ist.

Möge uns in den
Stunden der Trauer
Tröstliches zuwachsen,
damit wir langsam wieder etwas ahnen dürfen
von Hoffnung und Licht.

Bildnachweis:

Alle Bilder: Bildarchiv Kiefel

Textnachweis:

Folgende Texte sind mit freundlicher Genehmigung aus dem bereits erschienenen Band von Christa Spilling-Nöker entnommen:
Seite 6, 18, 24: *Zärtlichkeit wagen,* © Burckhardthaus-Laetare Verlag GmbH, Offenbach/M. 1999.

Alle übrigen Texte sind Originalbeiträge.

Die Deutsche Bibliothek – CIP-Einheitsaufnahme

Spilling-Nöker, Christa:
Behutsam will ich dich begleiten:
Gedanken für die Stunden des Abschiednehmens / Christa Spilling-Nöker. –
Gütersloh: Kiefel, 2002
ISBN 3-579-05828-2

ISBN 3-579-05828-2

Gestaltung: Init GmbH, Bielefeld
Reproduktion: Peter Karau, Bochum
Druck und Verarbeitung: Druckerei Uhl GmbH & Co., Radolfzell
Printed in Germany

www.kiefelverlag.de